Los volcanes

William B. Rice

Los volcanes

Asesores en ciencias
Scot Oschman, Ph.D.
David W. Schroeder, M.S.

Créditos
Dona Herweck Rice, *Gerente de redacción*; Lee Aucoin, *Directora creativa*; Timothy J. Bradley, *Responsable de ilustraciones*; Conni Medina, M.A.Ed., *Directora editorial*; James Anderson, Katie Das, Torrey Maloof, *Editores asociados*; Rachelle Cracchiolo, M.S.Ed., *Editora comercial*

Teacher Created Materials
5301 Oceanus Drive
Huntington Beach, CA 92649-1030
http://www.tcmpub.com
ISBN 978-1-4333-2154-2

Tabla de contenido

Presión

Empiezas a descargar las compras del carro al regresar del supermercado. De pronto, una lata de refresco cae al suelo. Al caer, golpea el piso y rueda hacia la entrada del garaje. Corres para alcanzarla y por accidente le das un puntapié. La lata se estrella contra una pared de ladrillos. ¡Pum!

¿Qué sucedería si decidieras abrir esa lata de refresco? Recibió unas buenas sacudidas. El gas presente en el refresco creó mucha **presión** dentro de la lata. ¿Qué sucederá ahora?

Levantas el seguro y lo averiguas. ¡Fzz! El refresco sale disparado de la lata y rebosa de la abertura. En otras palabras, **entra en erupción**. Pasa igual que un volcán.

Vulcano

La palabra *volcán* proviene de "Vulcano". Vulcano es el dios romano del fuego.

¿Qué son los volcanes?

Un volcán es cualquier lugar en un planeta a través del que los materiales internos salen a la superficie.

Entrar en erupción **significa "liberar presión".**

¿Cómo se forman los volcanes?

No pasa un día sin que entren en erupción volcanes en diferentes partes del planeta. ¡En algunos volcanes, la erupción nunca cesa! Algunos están en erupción durante meses y años. Otros entran en erupción rápidamente y terminan igual de rápido.

Entrar en erupción significa "liberar presión". Quiere decir que todo lo que se queda bajo presión se libera. Si la presión es mucha, la erupción puede convertirse en un espectáculo impresionante.

¿Qué es lo que hace que se acumule presión debajo de un volcán? La Tierra no es como una lata de refresco. Nadie la sacude ni la patea contra una pared. Pero eso tampoco es necesario. Debajo de la superficie de la Tierra suceden muchas cosas. Todo está en movimiento constante. Ese movimiento hace que se acumule presión.

¿Cuál es la causa de ese movimiento? Esa pregunta tiene más de una respuesta; una respuesta importante es la **tectónica de placas**.

Vulcanólogos

Los científicos que estudian los volcanes se llaman **vulcanólogos**. Los vulcanólogos estudian los volcanes que se encuentran sobre la superficie de la Tierra y también los que se encuentran debajo de ella.

¿Cuántos?

Los científicos creen que todos los días entran en erupción unos 15 volcanes en la Tierra.

Algunos volcanes, como éste, están en erupción prácticamente todo el tiempo. Otros duermen, o se mantienen inactivos, durante años. Es posible que éstos nunca vuelvan a entrar en erupción.

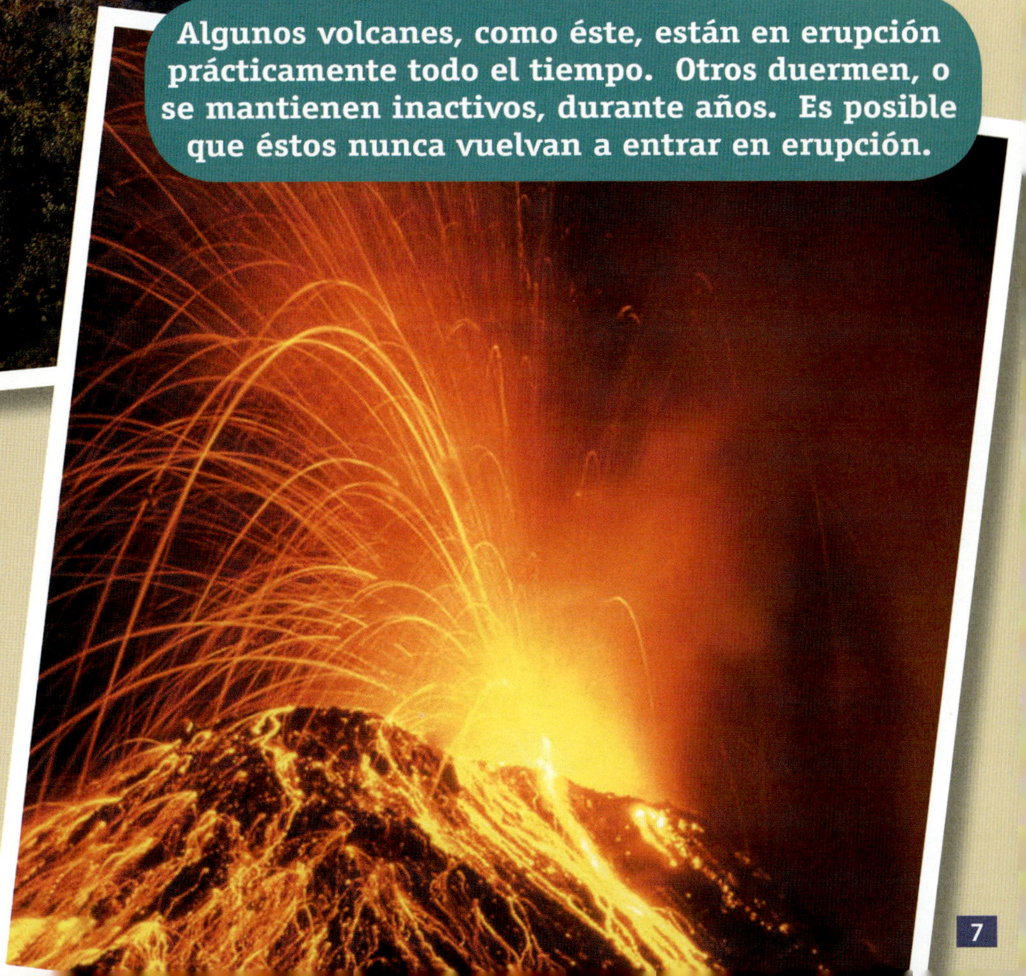

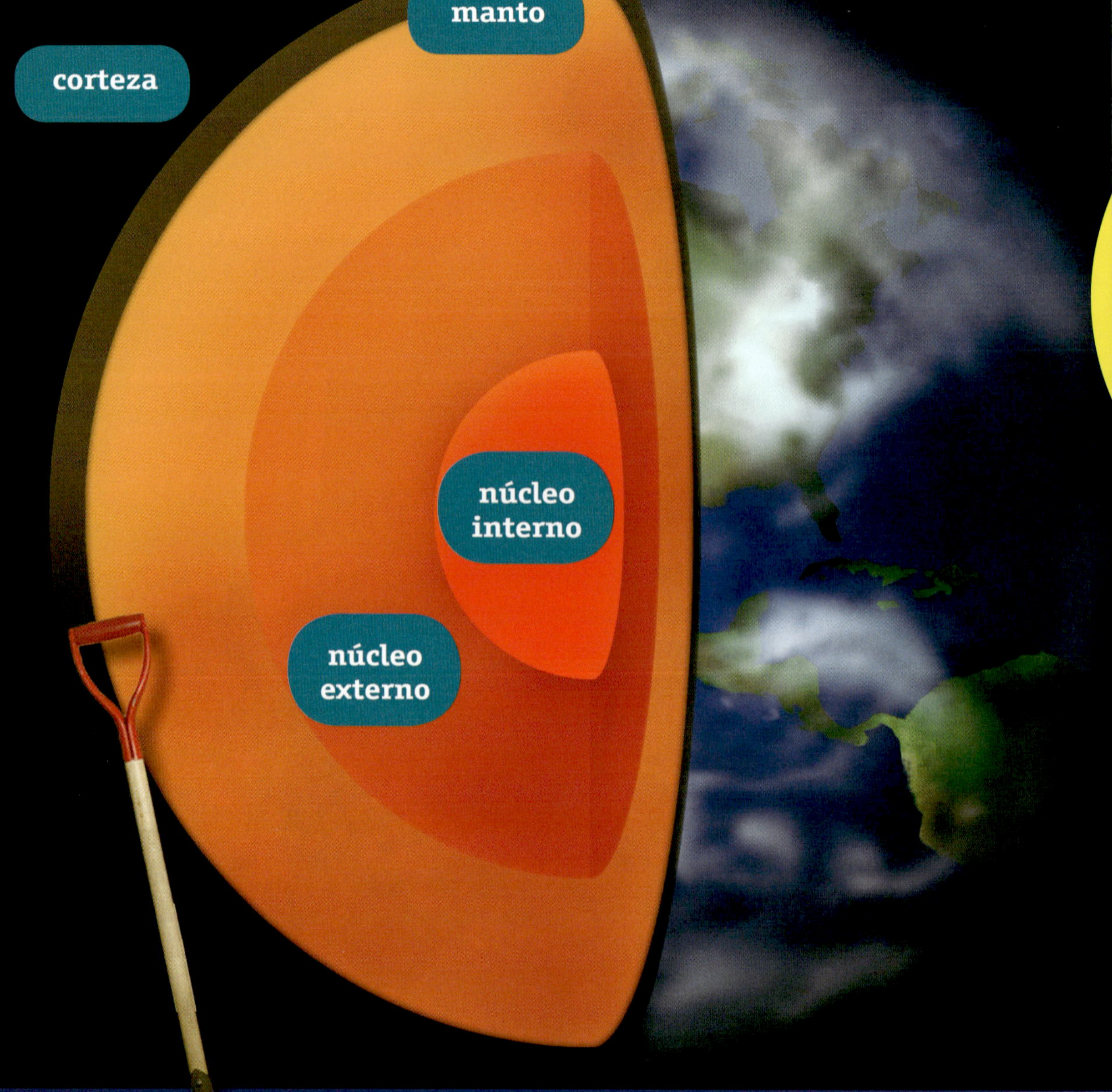

Cava que te cava

Para llegar al centro de la Tierra, tendrías que cavar 6,400 kilómetros (4,000 millas).

Tectónica de placas

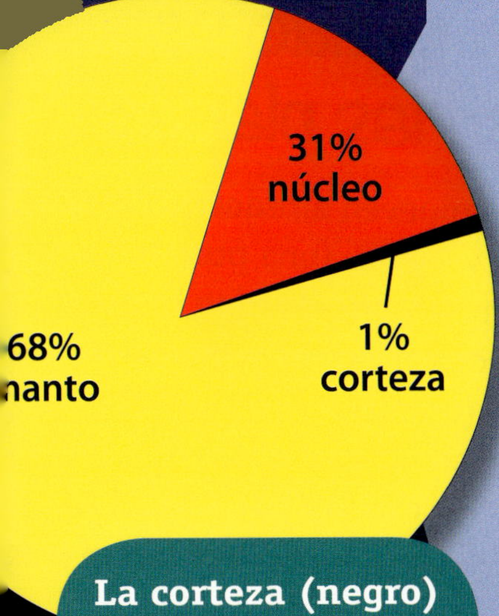

La corteza (negro) compone menos del uno por ciento de la Tierra. El núcleo (rojo) compone más del 31 por ciento. El manto (amarillo) es el 68% restante.

La capa exterior de la Tierra, la **corteza**, no es una pieza sólida y pareja. Está dividida en numerosos trozos grandes. Cada uno de estos trozos se denomina **placa**. Las placas se componen de materiales terrestres como rocas y minerales. Algunas de estas placas son más grandes que los continentes, y otras son más pequeñas, del tamaño de un país. De cualquier forma, las placas son enormes.

La Tierra tiene cuatro capas principales. Éstas son la corteza, el **manto**, el núcleo externo y el núcleo interno. Encontramos las placas en la corteza y el manto superior. La corteza es firme pero se rompe con facilidad. Esta capa se asienta sobre el manto. El manto es fluído. Debido a esa característica, puede desplazarse, doblarse y fluir con mayor facilidad que la corteza.

Un dato suculento

La corteza terrestre tiene un grosor de alrededor de 44 kilómetros (70 millas) en sus puntos más gruesos. En comparación con el tamaño del planeta, eso es más bien delgado. Es como el grosor de una cáscara de manzana cuando la comparas con la manzana de donde salió.

El manto es la capa más grande y está muy, pero muy caliente. Es una suerte para todos los seres vivos que la corteza cubra el manto; de otra forma, no podrían vivir en el calor extremo de esa capa.

Muchas personas creen que, debido a sus altas temperaturas, el manto es líquido. Pero aunque está muy caliente, es más que nada un sólido—si bien se trata de una solidez móvil y flexible. Imagina algo semejante a masa para modelar o un pegamento muy espeso. Se trata de un material sólido, pero fluye. Lo que lo mantiene sólido es la presión dentro de la Tierra. No se derrite con frecuencia, pero a veces lo hace. Cuando se derrite, forma **magma.** El magma es roca líquida caliente. Esta sustancia sale a la superficie a través de la corteza terrestre.

Las placas terrestres flotan sobre el manto. El manto fluye, y las placas se mueven con él. Al hacerlo, se friccionan unas con otras. La causa de la formación del magma es precisamente el movimiento de unas placas en relación a otras y también en relación con el manto.

¿Cuán rápido se mueven las placas?

Las placas se mueven alrededor de dos centímetros y medio (una pulgada) por año. Eso significa que pueden llegar a desplazarse dos millones y medio de centímetros (un millón de pulgadas) en un millón de años. Eso equivale a unos 25 kilómetros (15.5 millas).

Magma

La palabra *magma* proviene de la palabra griega *magma*, que significa "pasta".

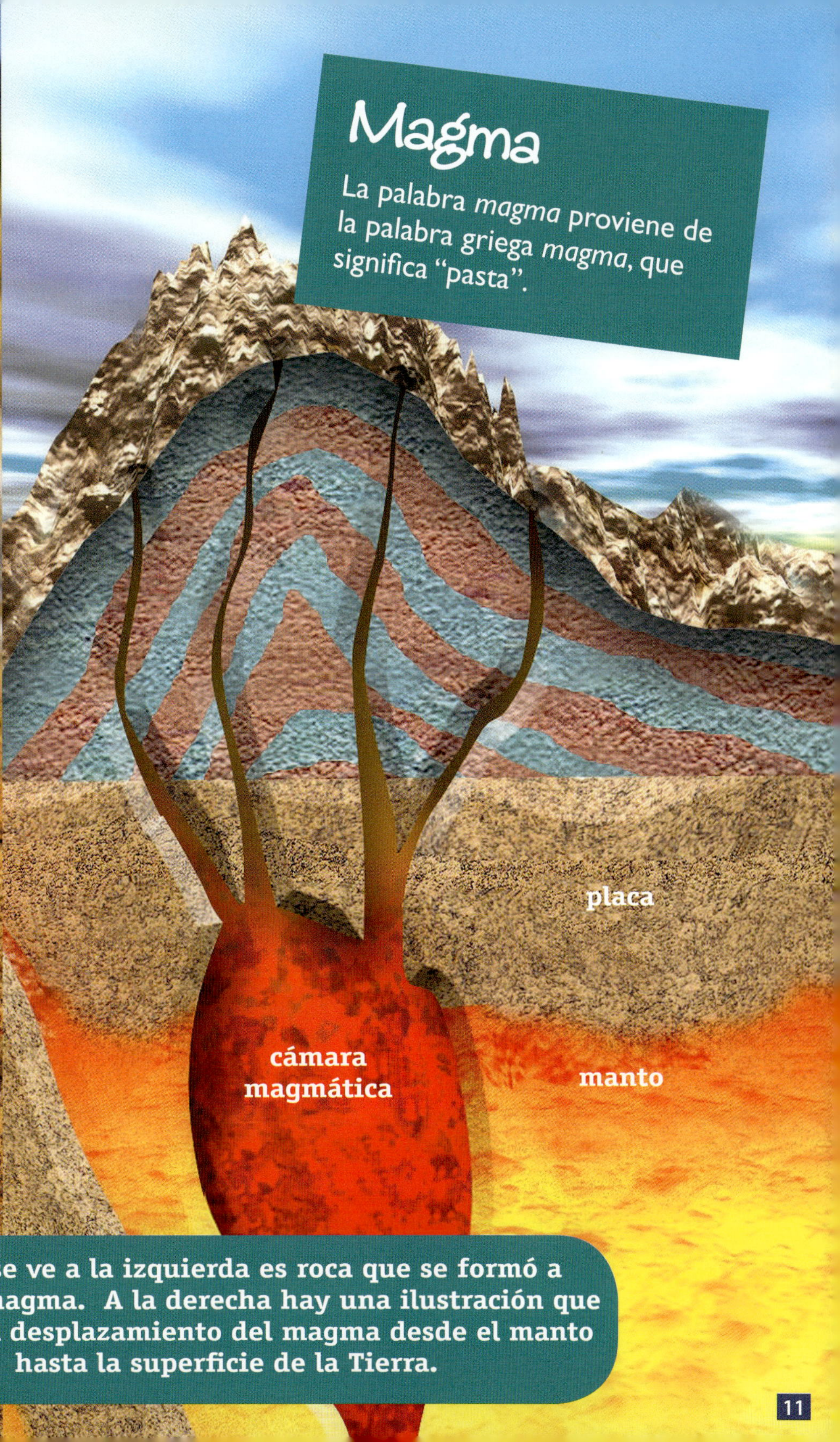

Lo que se ve a la izquierda es roca que se formó a partir de magma. A la derecha hay una ilustración que muestra el desplazamiento del magma desde el manto hasta la superficie de la Tierra.

Acerca del magma

El magma se forma bajo tierra, en la parte superior del manto y en la parte inferior de la corteza. Para generar magma hacen falta temperaturas altísimas y la cantidad de presión exacta. Estas condiciones precisas de temperatura y presión suelen darse en los bordes de las placas. Estos bordes se llaman **límites**.

El magma es más liviano que la roca que tiene a su alrededor. Eso hace que se mueva hacia arriba. Asciende a través de grietas y otras aberturas. Al llegar a la superficie, entra en erupción.

El magma es principalmente líquido, sin embargo no en su totalidad. Esto se debe a que el magma se compone de diferentes tipos de rocas. Las rocas tienen sus propios puntos de fusión. Imagina una roca hecha de hielo, chocolate y azúcar. En condiciones de calor, el hielo se derrite primero. Luego lo hace el chocolate, y si el calor no es suficiente, es posible que el azúcar no se derrita. Lo mismo sucede con las distintas rocas que se derriten (o que no se derriten) para formar el magma.

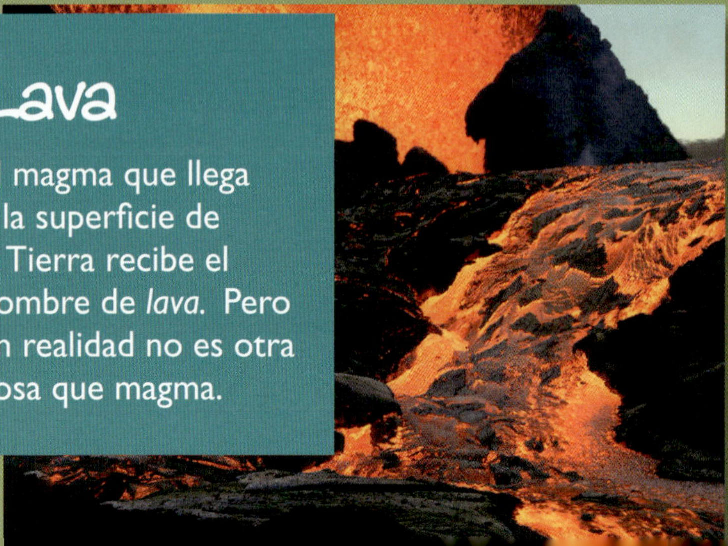

Lava

El magma que llega a la superficie de la Tierra recibe el nombre de *lava*. Pero en realidad no es otra cosa que magma.

De magma a roca ígnea

La roca ígnea se forma a partir de roca completamente derretida, la que se enfría y solidifica. La roca ígnea más común que se forma a partir de magma es el basalto.

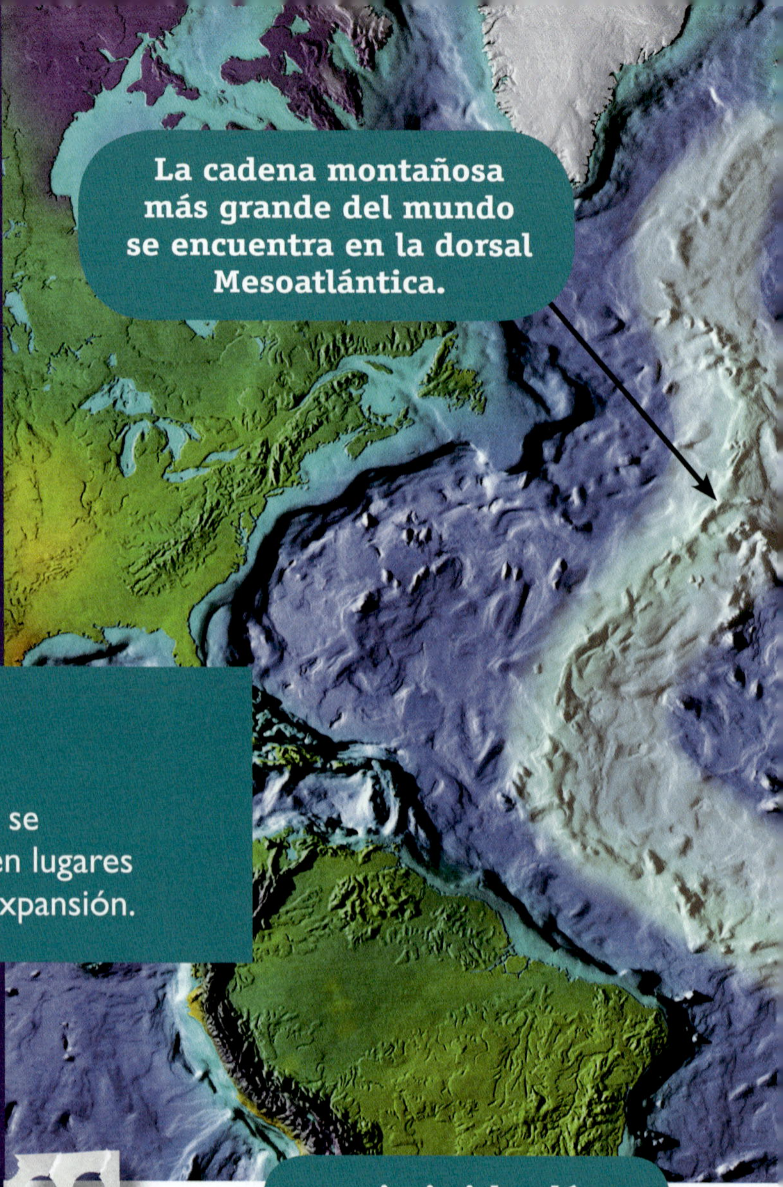

La cadena montañosa más grande del mundo se encuentra en la dorsal Mesoatlántica.

Submarino

La mayoría de los volcanes se forma debajo del océano, en lugares denominados centros de expansión.

paisaje islandés

Islandia

La mayor parte de la dorsal Mesoatlántica se encuentra sumergida, pero una parte de ella se encuentra por encima del nivel del mar. Por ejemplo, Islandia, el país isla, está formado por la dorsal Mesoatlántica.

¿Dónde hay volcanes?

Los volcanes sólo se forman en algunos lugares específicos. La mayoría se forma en los límites de las placas. Otros se forman dentro de las placas, en áreas llamadas **puntos calientes**.

Las placas se mueven de manera constante. Su movimiento es muy lento, pero es movimiento al fin. Al desplazarse, las placas hacen una de estas cuatro cosas: se alejan, se chocan, se pliegan o pasan junto a otras. Los volcanes se forman en tres de estas situaciones.

Límites de placas

Cuando las placas se separan, forman una dorsal. Si las dos placas en cuestión se encuentran sobre la superficie terrestre, se trata de una **dorsal continental**. Si las dos placas se encuentran debajo del océano, se trata de una **dorsal mesoceánica**. A medida que las placas se separan, la roca del manto fluye hacia arriba para ocupar el espacio que quedó libre. Esa roca se convierte en magma, el que se enfría en la superficie y se convierte en nueva corteza. Esto se denomina **vulcanismo de centro de expansión.**

Cuando las placas colisionan, puede suceder una de dos cosas. La primera es que una placa quede debajo de la otra. La placa de abajo se hunde en el manto. Allí donde se encuentran las placas, se forma un **foso**. A medida que la placa inferior se sumerge en el manto, se forma magma. Parte del magma asciende. Ése es el momento en que entra en erupción un volcán. Esto recibe el nombre de **vulcanismo de zona de subducción.**

Las placas también pueden plegarse una contra otra. Esto sucede cuando ninguna de las placas puede deslizarse debajo de la otra. En estos casos, la corteza de ambas placas se pliega. Al encontrarse de esta manera, las placas empujan hacia arriba y forman montañas, pero no volcanes.

También puede suceder que dos placas se pasen juntas, sin acercarse ni empujarse. Mientras se desplazan, puede formarse un volcán, pero esto no sucede con demasiada frecuencia.

Monte St. Helens

El monte St. Helens en los Estados Unidos es uno de los volcanes de subducción más famosos del mundo.

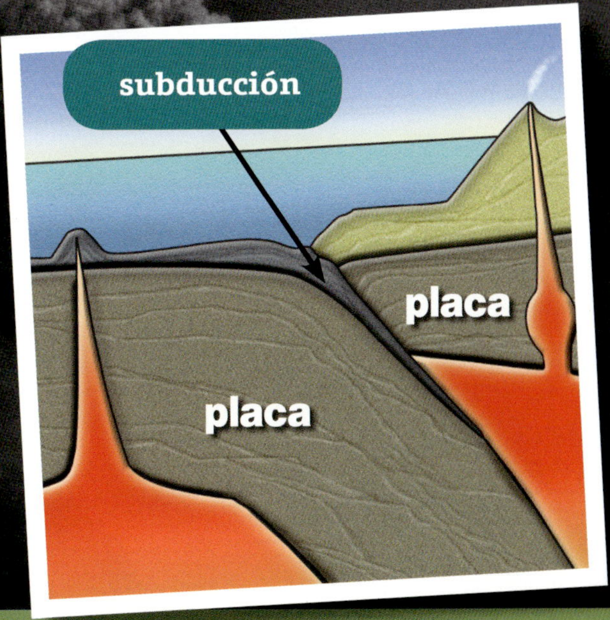

¿Qué significa?

Subducción significa ir debajo de otra cosa. Cuando hay un movimiento de subducción, una de las placas se desliza debajo de la otra.

Aquí puede verse el monte St. Helens antes (arriba, izquierda), durante (centro) y después de su erupción en 1980 (arriba).

Las islas de Hawái se formaron por actividad volcánica de puntos calientes como la que se muestra en la foto.

También se forman volcanes en los denominados puntos calientes. Hawái se formó de esta manera. Hawái se compone de muchas islas, las que tomaron mucho tiempo en formarse. Pero Hawái se encuentra lejos de un límite de placas.

Un punto caliente es un área debajo de una placa que experimenta temperaturas muy altas. En ese lugar, el magma surge a través de la corteza. A medida que surge más magma, se forma un volcán. El volcán crece con el tiempo. En el océano, el volcán y la lava forman una isla.

A medida que la placa se mueve sobre el punto caliente, se forman nuevos volcanes e islas. Ésa es la razón por la que Hawái es una serie de islas. Con el transcurso del tiempo, pueden formarse muchas islas, y las islas más antiguas pueden desaparecer por la acción del agua.

Un largo camino

Kilauea es un volcán en Hawái. Toda la lava arrojada por el Kilauea alcanzaría para pavimentar una carretera que le diera la vuelta a la Tierra ¡tres veces!

Piedra joven y piedra vieja

La roca más antigua es la más alejada del punto caliente. La isla más antigua de Hawái tiene 5.5 millones de años. La isla más joven aún se encuentra encima del punto caliente y tiene menos de un millón de años.

Una, otra y otra vez

El volcán Stromboli, en Italia, entra en erupción cada unos cuantos minutos ¡y tiene haciéndolo hace 2000 años!

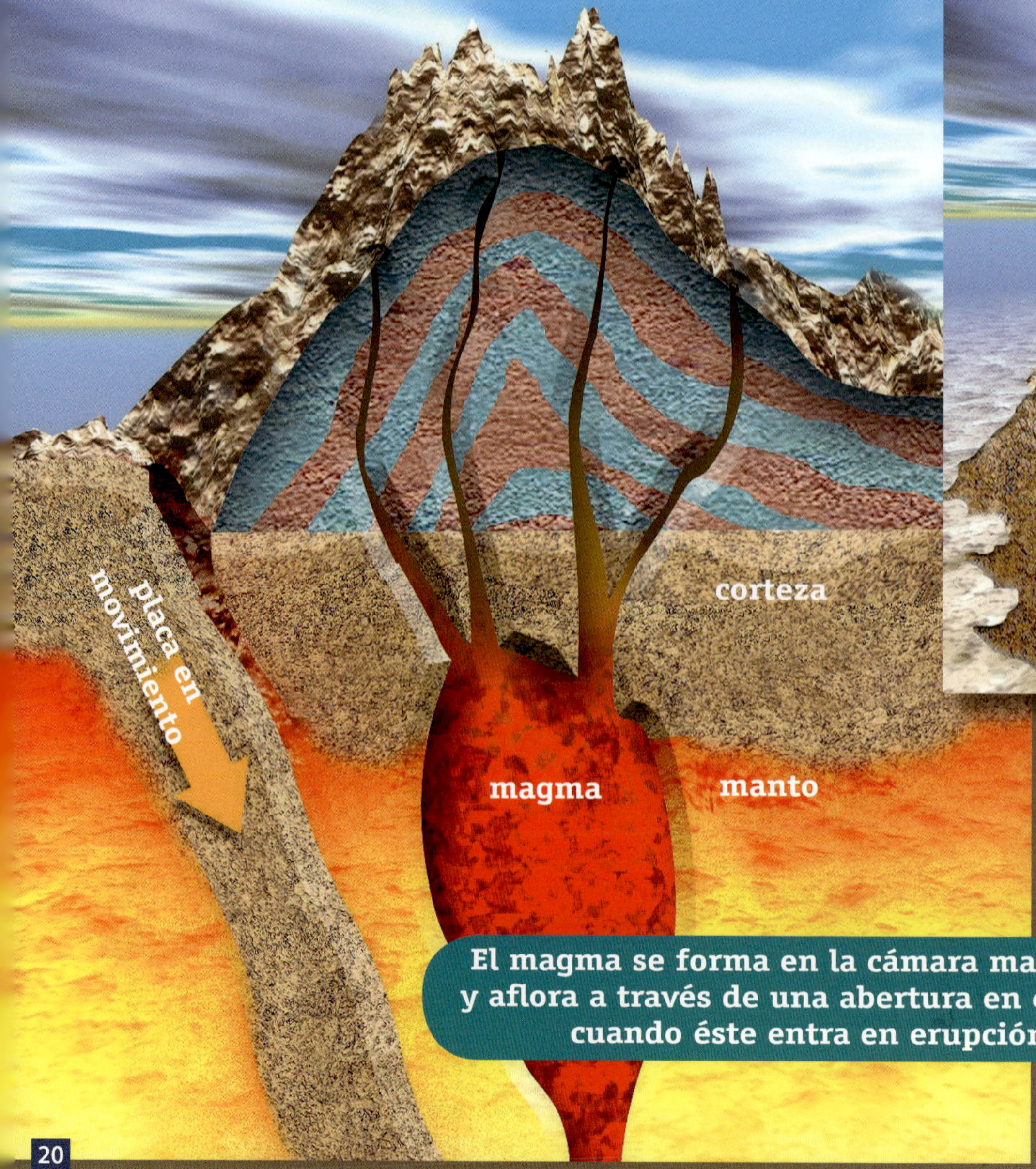

El magma se forma en la cámara magmática y aflora a través de una abertura en el volcán cuando éste entra en erupción.

¿Qué sucede durante una erupción?

Las erupciones no son todas iguales, pero tienen algunas cosas en común.

Lo que inicia una erupción es la presión y el calor en el manto. Esto empuja magma hacia el interior de una cámara. El magma es más liviano que la corteza terrestre, por lo que intenta atravesarla. La presión de los gases empuja el magma a través de la corteza. Cuando se acumula presión, escapan gases, cenizas, rocas y vapor. Éstos empujan a través de una abertura o grieta en la Tierra, y tiene lugar la erupción.

A veces, las erupciones suceden en un estallido. Éste puede ser fuerte como una explosión. En otros casos, la erupción se escurre lentamente. Cuanto mayor sea la presión, mayor será el estallido.

¿Activo, inactivo o extinto?

Se les llaman activos a los volcanes que pueden entrar en erupción a cualquier momento. Si creemos que un volcán no entrará en erupción por el momento pero tal vez lo haga en el futuro, decimos que está inactivo. Esto quiere decir que está dormido. Si creemos que ya no volverá a entrar en erupción, lo llamamos extinto.

Cenizas, lapilli y bombas

Los trozos de lava más pequeños que salen de un volcán se llaman *cenizas*. Los trozos que tienen el tamaño de un guijarro o de una roca pequeña se llaman *lapilli*, y los trozos más grandes se denominan *bombas*. ¡Éstos pueden tener el tamaño de un carro!

Cuando se encuentra fuera del volcán, el magma se llama lava. La lava es en extremo caliente. Puede ser muy líquida y moverse rápido o ser espesa y lenta. La lava sale por la boca del volcán y se derrama por los costados. La lava más espesa no llega muy lejos; se detiene y forma rocas. En algunos casos, se enfría y se detiene mientras el magma sigue subiendo por el volcán.

La alta temperatura de la lava mata a la mayor parte de los seres vivos. A veces se encuentran animales y plantas de hace muchísimo tiempo en lava antigua enfriada. Podríamos decir que quedaron congelados en el tiempo.

Tras una erupción, la lava puede enfriarse rápidamente. Es posible que se enfríe en unos pocos días, ¡pero también puede tomarle años enfriarse!

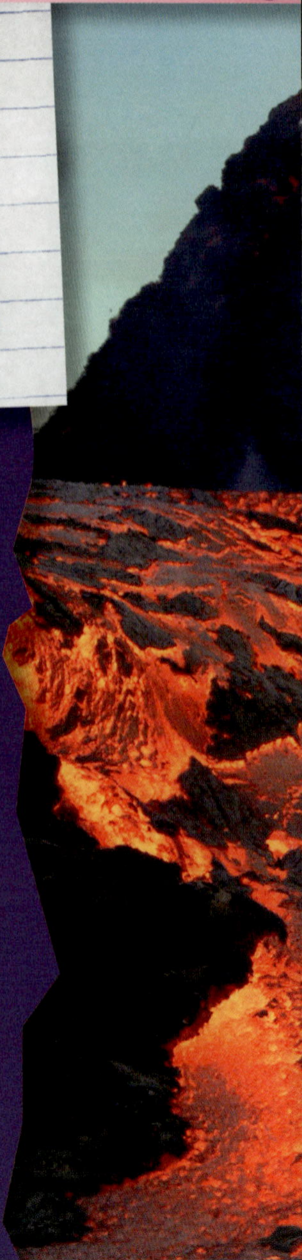

¡Eso sí que quema!

La lava puede llegar a los 1,170°C (2,140°F)

Cinturón de fuego

Hay cientos de volcanes en el mundo, pero más de la mitad de éstos se encuentra sobre las costas del océano Pacífico. A esta zona se le conoce como el Cinturón de fuego.

En México hay lava que sigue caliente pese a que pasaron casi 50 años desde que fuera expulsada por un volcán.

A menudo podemos predecir cuando un volcán está a punto de entrar en erupción. Cuando la cámara magmática está llena, eso hace que el volcán se hinche. Puede haber terremotos y también puede haber fumarolas. El aire se llena con olor a azufre. La mayoría de las veces, las erupciones no nos toman por sorpresa.

Una erupción puede durar unos pocos segundos, pero también puede durar años y años. Para que llegue a su fin, tiene que suceder algo. La erupción terminará cuando ya no quede más magma, cuando el magma no tenga suficiente gas o cuando la lava se enfríe y tape la abertura. Por supuesto, el mismo volcán puede volver a entrar en erupción.

Un volcán hinchado es un indicio certero de que pronto entrará en erupción.

¿Se puede detener una erupción con agua?

El agua puede hacer que la lava deje de fluir, pero no puede impedir que un volcán entre en erupción. Dentro del volcán, el agua se convertirá en vapor. El vapor acumulará presión y hará explotar el volcán.

Volcán	Año	Puntuación IEV
Kilauea	1983–presente	1
Monte St. Helens	1980	5
Monte Tambora	1815	7

IEV

El Índice de explosividad volcánica (IEV) mide la fuerza de las erupciones. Se trata de una escala que va del 0 al 8. Ocho es el valor más elevado. El IEV registra la altura que alcanza la erupción, cuánto tiempo dura y la cantidad de material que se libera en ella. La clasificación se forma con todos estos datos. A la izquierda verás las puntuaciones de algunas erupciones famosas.

el Monte Olimpo en Marte

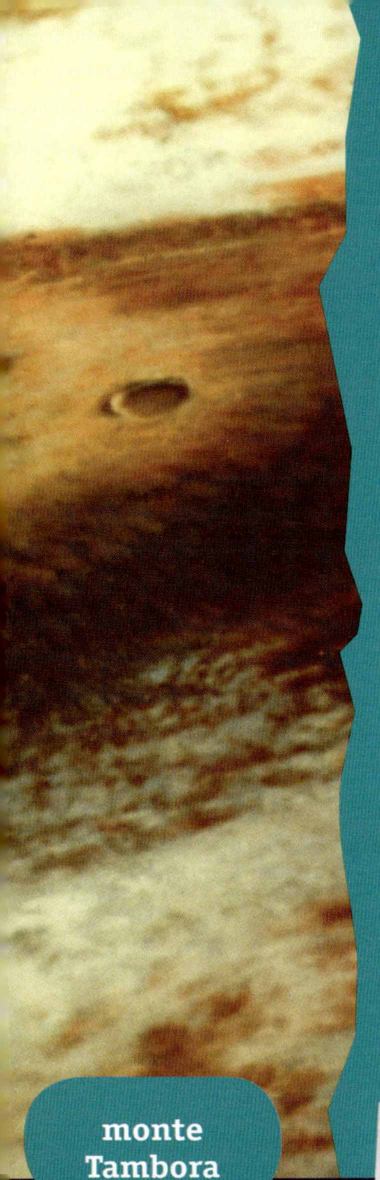

Volcanes por doquier

La Tierra no es el único lugar en el que pueden encontrarse volcanes. También los hay en otros planetas. El mayor volcán conocido se encuentra en Marte y se llama Monte Olimpo. Tiene 26 kilómetros (16 millas) de altura. Tiene tres veces la altura del monte Everest ¡y es tan ancho como el estado de Arizona!

Los volcanes son una de las grandes razones por las que los planetas cambian. Muchas personas en la historia les temieron, ya que pensaban que los volcanes se debían a la ira de los dioses. Pero sabemos que los volcanes son una parte del crecimiento de un planeta. Al parecer, los volcanes que tenemos en la Tierra seguirán entrando en erupción por mucho, mucho tiempo.

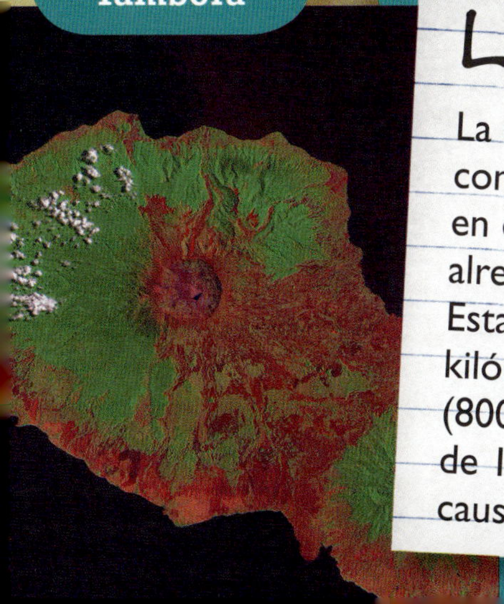

monte Tambora

La erupción más potente

La erupción más poderosa de la que tenemos conocimiento tuvo lugar en 1815, en Indonesia, en el monte Tambora. La erupción lanzó al aire alrededor de 150 kilómetros cúbicos de ceniza. Estas cenizas se elevaron a una altura de 44 kilómetros (28 millas) y llegaron a 1,290 kilómetros (800 millas) de distancia del volcán. Murieron más de 100,000 personas; unas 82,000 murieron luego a causa de enfermedades y hambre.

Laboratorio: El rompecabezas de Pange[a]

La teoría del movimiento de las placas, llamada también teoría de la deriva continental, no apareció sino hasta hace poco tiempo. Los científicos vieron que los continentes parecían encajar como las piezas de un rompecabezas. Junto con otra evidencia, esto los hizo pensar que tal vez todos los continentes habían sido una vez parte de una gran masa de tierra llamada Pangea.

En la actualidad sabemos algunas cosas sobre el movimiento de las placas, y la teoría de Pangea parece bastante posible. Haz la actividad siguiente y verifícalo por tu cuenta.

Materiales

- una copia de los continentes de la página siguiente
- tijeras

Procedimiento:

1. Haz una copia de los continentes de la página siguiente. Tal vez quieras hacer una ampliación de la imagen.
2. Recorta los continentes.
3. Intenta poner juntos los continentes recortados como si se trataran de las piezas de un rompecabezas.

Conclusión:

¿Te parece posible la existencia de Pangea? ¿Parecen encajar las piezas? Investiga para aprender más acerca de Pangea y la deriva continental.

1

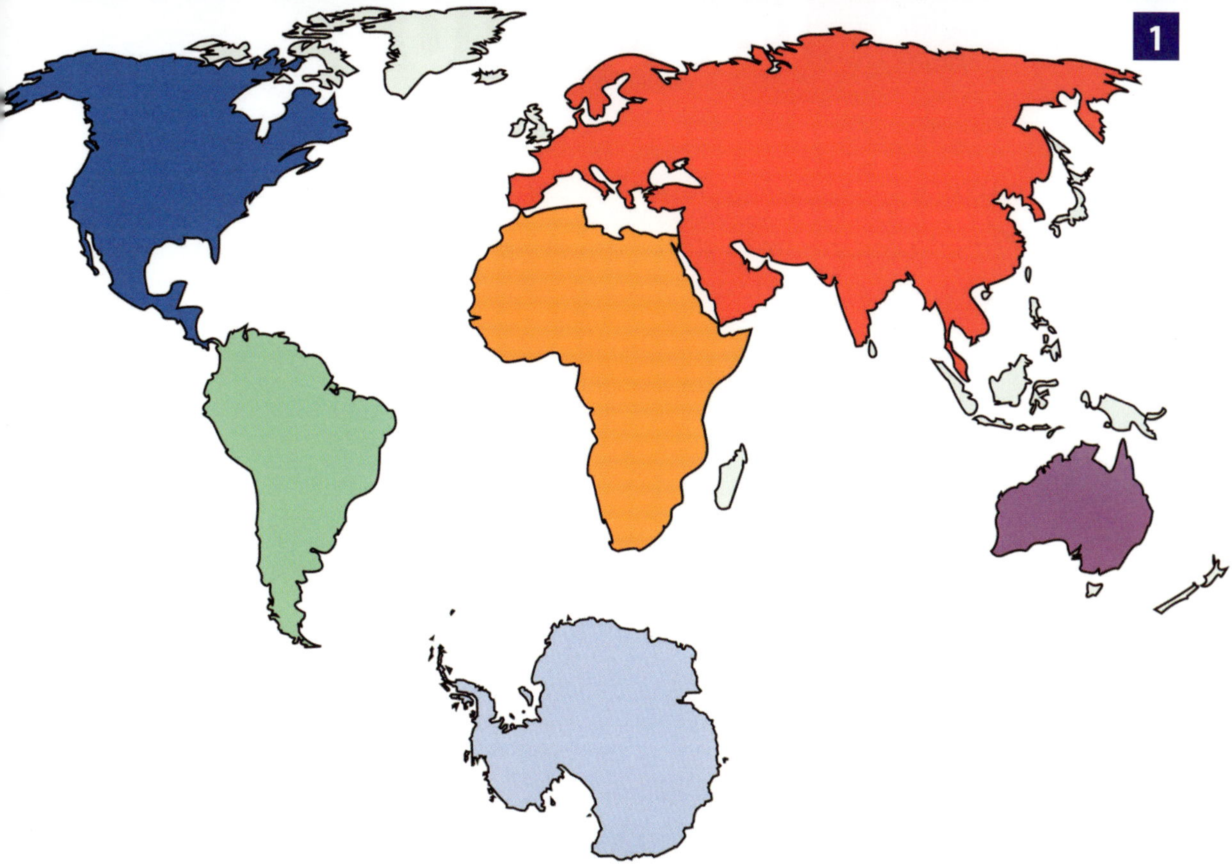

2

Glosario

corteza—la capa superior de la Tierra, que es sólida y fría

dorsal continental—dorsal que se forma en la superficie de la Tierra en el lugar donde dos placas se alejan

dorsal mesoceánica—dorsal que se forma debajo del océano en el lugar en el que dos placas se alejan

entra en erupción—libera presión; explota

foso—zanja

límites—bordes o fronteras

magma—roca fluída, caliente y fundida

manto—la capa de la Tierra, caliente y fundida, que se encuentra inmediatamente debajo de la corteza

placa—sección de la corteza terrestre

presión—fuerza ejercida sobre una superficie por un objeto, líquido u otra cosa en contacto con ella

puntos calientes—lugares dentro de una placa tectónica que son lo suficientemente delgados para que el magma aflore a través y para que se forme un volcán

tectónica de placas—teoría según la cual grandes placas de material terrestre en las capas superiores del planeta se desplazan y colisionan para formar el relieve de la superficie de la Tierra

vulcanismo de centro de expansión—surgimiento de un volcán en el lugar en el que dos placas se alejan

vulcanismo de zona de subducción—surgimiento de un volcán en el lugar en el que una placa se desliza debajo de otra placa

vulcanólogos—científicos que estudian los volcanes

Índice

Científicos de ayer y de hoy

Alfred Wegener
(1880–1930)

Originalmente, Alfred Wegener era astrónomo. Pero un buen día los continentes le llamaron la atención. Notó las líneas dibujadas por las costas y se le ocurrió que parecían piezas de rompecabezas. Wegener formuló una teoría llamada teoría de la deriva continental. Según ella, los continentes estuvieron unidos hasta que se separaron y se desplazaron con el correr del tiempo. La teoría de Wegener llevó al estudio del movimiento de las placas, llamado tectónica de placas.

Tanya Atwater
(1944–)

Tanya Atwater es profesora universitaria y científica. Le encanta el mundo de la naturaleza y está interesada en que a otros también les encante. Ésa es la razón por la que enseña. Aspira a poder enseñarle a otros a respetar y cuidar el planeta. Atwater se dedica especialmente al estudio de la tectónica de placas. ¡A veces, toma un bote sumergible hasta el fondo del océano para estudiar de cerca la expansión del fondo oceánico!

Créditos de las imágenes

Portada: Michael Schofield/Shutterstock; p.1: Michael Schofield/Shutterstock; p.4: Araldo de Luca/Corbis; p.4-5: Douglas Peebles Photography/Alamy; p.5: Romanchuck Dimitry/Shutterstock; p.6: David R. Frazier Photolibrary, Inc./Alamy; p.6-7: Marco Longari/Newscom; p.7: Newscom; p.8 (abajo): Nikolay Titov/Shutterstock; p.8: Lorelyn Medina/Shutterstock; p.9: Palabra/Shutterstock; p.10-11: All Canada Photos/Alamy; p.11: Rick Nease; p.12: juliengrondin/Shutterstock; p.13 (arriba): Newscom; p.13 (abajo): Jane McIlroy/Shutterstock; p.14-15: Tim Bradley; p.14 (abajo): Simon Fraser/Photo Researchers, Inc.; p.16: Rick Hoblitt/USGS/Cascades Volcano Observatory; p.16-17: Robert Krimmel/USGS/Cascades Volcano Observatory; p.17 (arriba): Tim Bradey; p.17 (abajo): Lyn Topinka/USGS/Cascades Volcano Observatory; p.18: Michael Schofield/Shutterstock; p.19: GSK/Shutterstock; p.20 (arriba) mikeuk/iStockphoto; p.20: Rick Nease; p.20-21: Rick Nease; p.22 (izquierda): Dorling Kindersley/DK Images; p.22 (centro): Dorling Kindersley/DK Images; p.22 (derecha): Joel Arem/Photo Researchers, Inc.; p.22-23: Michael Schofield/Shutterstock; p.23: Tim Bradley; p.24: Ilya D. Gridnev/Shutterstock; p.25: Bryan Busovicki/Shutterstock; p.26-27: Newscom; p.26: Jurgen Ziewe/Shutterstock; p.26-27 (abajo): USGS; p.29: Tim Bradley; p.32 (izquierda): The Granger Collection, Nueva York; p.32 (derecha): Rick Reason.